AF582104

MENTOR
GOUVERNANT PENDANT LA JEUNESSE
DE TÉLÉMAQUE,

PASTORALE HEROÏQUE,

DONT UNE PARTIE SERA DECLAME'E, ET L'AUTRE CHANTE'E,

Par les Ecoliers du Collége de Dijon, de la Compagnie de JESUS, *le* 11. *de Mai* 1748.

DEVANT SON EXCELLENCE
MONSEIGNEUR
DE BEAUVILLIERS, DUC DE SAINT AIGNAN,

Pair de France, Chevalier des Ordres du Roi, Lieutenant Général de ſes Armées, Gouverneur de Bourgogne, du Hâvre de Grace, de Loches & Beaulieu, Grand Bailli d'Epée du Pays de Caux, ci-devant Ambaſſadeur extraordinaire de Sa Majeſté en Eſpagne, & depuis auprès du Saint Siége, l'un des Quarante de l'Académie Françoiſe, *&c.* tenant les Etats de cette Province.

randchampt

A DIJON,

Chez P. DE SAINT, ſeul Imprimeur du Roi & du Collége.

SUJET DE LA PASTORALE.

APrès la mort du prudent Ulisse, le sage Mentor lui succéde dans le Gouvernement d'Itaque. Les Bergers du Mont Nérite, qu'il daigne visiter de trois en trois ans, se réjoüissent à son arrivée.

ACTEURS.		PERSONNAGES.	
JEAN-BAPT. DESAILLE,	de Dijon.	*MENTOR*, *Chef des Berg.*	
ANTOINE BEGUILLET,	de Dijon.	*TIRCIS*,	*Bergers.*
BERNARD CREPEY,	de Dijon.	*MOPSUS*,	
CLAUDE GALLIER,	de Chalon.	*MYRTIL*,	
DEN. JOS. DE GRANDCHAMPT,	de Viteaux.	*DAMON*,	
JEAN-BAPTISTE VIOLE,	de Dijon.	*MYRIS*,	
BERNARD CHOUARD,	de Viteaux.	*TIMAGENE*,	

La Scéne est au pied du Mont Nérite, près d'Itaque.

PROLOGUE.

SOUFFREZ, Seigneur, que de simples Bergers
Pénétrés de respect, transportés d'allégresse,
Au lieu des fruits de leurs vergers
Vous offrent de leurs cœurs la naïve tendresse.
Leur art est de n'en point avoir :
Des chants que leur dicta l'amour & le devoir
La vérité fait toute l'éloquence ;
Ils en méritent mieux toute votre indulgence.
Songez que des Bergers, sortis de leurs forêts,
En conservent toujours les traits ;
En retiennent toujours la sauvage rudesse ;
Mais oubliez, s'il se peut, en ce jour
Ces agrémens, ce goût, cette délicatesse,
Que donneent à la fois le Parnasse & la Cour.

SCENE PREMIERE.

MOPSUS chante au pied d'un arbre.

CHantez, ô ma douce musette,
Le bonheur dont nous jouissons.
Le fier Clairon, l'aigre trompette
Jamais dans ce jour n'interrompent vos sons.
Sur ces coteaux consacrés à la joie
Etale tes raisins, Bacchus ; & toi, Cérés,
Enrichis nos guérets ;
Vos dons de l'étranger ne seront point la proie.
Du repos constant de ces lieux
Nous avons pour garants & Mentor & les Dieux.
Chantez, ô ma douce musette,
Le bonheur, &c.

SCENE II.

MOPSUS, MYRTIL.

MOPSUS.

AH, ah, vous m'écoutiez caché ſous ce feuillage,
Jeune Myrtil ! . . . . eh bien, dites m'en votre avis,
Trouvez-vous qu'à mon âge,
Qu'avec ces cheveux gris,
Chanter encor ſoit être ſage ?

MYRTIL.

La joie, à mon avis, eſt toujours de ſaiſon :
Puiſſe-t-elle ſans ceſſe être votre partage !
Chantez, heureux Mopſus, même en dépit de l'age,
Mon humeur le décide, encor mieux la raiſon :
Etre joyeux, c'eſt être ſage.

MOPSUS.

A ce compte vraiment je pourois me vanter
D'une ſageſſe peu commune :
Jamais un ſeul inſtant de triſteſſe importune,
On me voit chaque jour danſer, rire, chanter ;
Et telle eſt ma folie, ami, ſi c'en eſt une ;
Mais non, ma joie eſt juſte, & je la dois aux Dieux
Protecteurs conſtans de ces lieux.
Ma joie eſt le tribut de ma reconnoiſſance :
Sur ces prés, ſur ces champs peut-on porter les yeux,
Sans y lire les traits de leur magnificence ?
Quel tranquille loiſir nous fait leur indulgence !
Sentez-vous, cher Myrtil, tous ces dons précieux ?

MYRTIL.

Mais le Ciel, à meſure égale,
Ne les verſe-t-il pas ſur les autres humains ?

MOPSUS.

Heureux effet de nos heureux deſtins !
Vous ignorez la guerre, & les maux qu'elle étale
Ses ſpectacles ſanglans, & ſes traits inhumains.

MYRTIL.

Pardonnez-moi, Mopſus, j'ai déja pû comprendre,
Quels ſont ces maux dont vous parlez ;
De leurs foyers chéris triſtement éxilés,
Des Bergers étrangers me l'ont ſû faire entendre.
Leur récit me coûta des pleurs :
Sortez, leur diſoit-on, de vos réduits champétres ;
Anciens, mais malheureux maitres,
Sortés, cédés à vos vainqueurs.

MOPSUS.

Ne connoitre les maux qui déſolent la terre,
Que ſur la foi d'une bouche étrangére,
Avoüés-le, Myrtil, c'eſt un plaiſir bien doux !
C'eſt voir, exemt de crainte, une Mer en couroux :
C'eſt, du rivage,
Contempler ſans péril les horreurs d'un naufrage,
Voyez au loin, voyez autour de vous,
Peu goutent ce plaiſir, & ce rare avantage,
Qui ſemble réſervé pour nous.

MYRTIL.

Oüi, votre joie eſt juſte, autant qu'elle eſt aimable :
Et le motif en eſt ſi beau,
Que je la trouve reſpectable.
Que toujours votre voix réſonne en ce hameau,
Cher Mopſus, & laiſſons aux rivaux de la Gréce,
Laiſſons à l'Ennemi les pleurs & la triſteſſe !

MOPSUS.

Apprenés quel autre ſujet
De mon ame attendrie, entretenoit l'yvreſſe :
A ces cantons, objet de leur tendreſſe,
Quel don inattendu les Dieux n'ont-ils pas fait ?
Uliſſe n'étoit plus ; & les champs éliſées
Venoient de nous ravir ce Paſteur adoré . . . . .
O deuil ! ô déſeſpoir ! . . . . Euſſions nous eſpéré
Que nos vives douleurs puſſent étre appaiſées ?
Il nous laiſſoit un fils, mais quoi ? trop jeune encor,
Aimable fleur, qui ne faiſoit qu'éclorre,
Cher enfin, mais fréle tréſor !

Quels jours nous promettoit une si foible aurore ?
Pouvoit-elle sitôt, de nos mortels ennuis
Dissiper les profondes nuits ?
Qu'ont fait les Dieux, pour essuyer nos larmes !
Digne présent de leurs divines mains !
Ils nous ont accordé ce Pasteur plein de charmes,
Si digne des respects du reste des humains,
Et qui depuis ce tems semble prêter aux Parques,
L'or qu'on leur voit mêler à nos heureux destins.

MYRTIL.

Qui peut le méconnoitre à ces illustres marques ?
Vous parlez de Mentor :
A ce nom, votre voix aime à prendre l'essor,
Je le sçai, cher Mopsus, mon ardeur est la même :
Depuis longtems ma voix,
A redire son nom, à répéter, qu'on l'aime ;
Instruit les valons & les bois.
Dans l'art de le chanter je le céde à tout autre,
Mon esprit sert mal mon ardeur :
Mais s'il s'agit de zéle, oh sur ce point, mon cœur
Oseroit, cher Mopsus, le disputer au vôtre.

MOPSUS.

Croyez-vous m'échaper par ce subtil détour,
Et me payer d'une défaite ?
Non, non, vous chanterez, Myrtil, à votre tour.

MYRTIL.

Hélas y pensez-vous ? ma voix est-elle faite
Pour un sujet si grand ?
Ce qu'oseroit mon cœur, mon respect le défend ;
Contentez-vous de mon ardeur secrette.

MOPSUS.

Eh de grace, Myrtil ; vous pouvez bien, je crois,
Nous faire même honneur, qu'aux Echos de ces bois.

MYRTIL.

Aux dépens de Mentor, dont la gloire m'est chére,
Puisque vous le voulez, il faut vous satisfaire ;
Mais songez que l'écho fut toujours complaisant.

MOPSUS.

Et vous, Myrtil, songez que Mentor est absent.

MYRTIL *chante.*

Belle saison, charme de la nature,
Printems, vous réveillez les folâtres zéphirs;
Vous rendez à nos prés, à nos bois leur verdure,
A tous les cœurs la joie & les plaisirs:
Mais si vous ne rendez Mentor à nos désirs,
Malgré les fleurs, zéphir, & la verdure,
Belle saison, charme de la nature,
Vous n'êtes plus pour nous la saison des plaisirs.

MOPSUS.

Quand sous la main de Galathée,
Au tems prescrit pour traire nos troupeaux;
J'entends couler à longs ruisseaux,
D'un lait fumant la liqueur argentée:
Un je ne sçai quel charme, à ce bruit enchanteur,
Me flate l'oreille & le cœur:
Mais ce n'est rien au prix de ce doux, de ce tendre,
Que sur mon cœur, & sur mes sens,
Par le charme de ses accens,
La voix de Myrtil fait répandre.

MYRTIL.

Ah, ah, vous nous raillés, il faut vous en punir.
Mauvais Chantre a toujours une vengeance prête:
Peut-être serez-vous plus sage à l'avenir.

MOPSUS.

Ouï, vous voulez chanter, & l'excuse est honnête,
Il en faut convenir.

MYRTIL *Chante.*

Réveillez-vous, Aurore, il est tems de paroitre:
Mentor va revenir dans ce séjour Champêtre.
Ce que vous faites sur les fleurs,
Son retour le fait sur nos cœurs:
Réveillez-vous, Aurore, il est tems de paroitre;
Mentor va revenir dans ce sejour Champêtre.

MOPSUS.

Oh que n'est-il en effet de retour!
Pourquoi n'est-ce là qu'un mensonge,
Un réve, un agréable songe?

Mais quelques mois encore nous rendront ce beau jour :
Ma joie alors sera parfaite :
Alors, alors, jeune Simette,
Que je vois suspenduë à ce roc sourcilleux,
Toi qu'hier ma houlette
Sauva des dents d'un lion furieux,
Ton sang versé rougira l'herbe verte :
Mais garde-toi d'en regretter la perte,
Ton sort sera trop glorieux.

MYRTIL.

Et toi, jeune mouton, qui bondis dans la plaine,
Parmi le Serpolet, le Thim, la Marjolaine ;
Toi si cher à mon cœur, depuis qu'Amarillis,
Te pâre de bouquets qu'elle même a cueillis :
Avant qu'elle te soit ravie,
Hâte-toi de joüir des douceurs de la vie :
Tu mérites déja de folâtres amours,
Mais le jour n'est pas loin qui doit fixer leur cours ...
Que nous veut ce Berger ? ....

SCENE III.

MYRTIL, MOPSUS, DAMON.

DAMON.

Savez vous la nouvelle ?
Bergers, la savez vous ?

MOPSUS.

Quel est donc ce transport ?

DAMON.

La savez vous ?

MYRTIL.

Mais non.

DAMON.

Devinez ... quelle est-elle ?

MOPSUS.

Est-ce Ville, Chateau, Bourgade, ou quelque Fort
Nouvellement conquis sur les Peuples Barbares ?
Mais sont-ce là, Berger, événemens si rares,

Qu'il faille pour si peu nous tenir en suspens ;
Et par de vains retardemens,
Nous en faire acheter l'Histoire ?

MYRTIL.

Ce sera, vous verrez, ou Conquête, ou Victoire.

DAMON.

La nouvelle qu'envain vous voulez deviner,
En vous charmant, poura vous étonner :
Vous ne l'attendiez pas : dans une heure il arrive.

MYRTIL.

Eh qui ?

DAMON.

Mentor.

MOPSUS.

Mentor ?

DAMON.

Pour la rendre plus vive ;
J'ai voulu retarder votre joie, un moment.

MYRTIL.

Nous dis-tu vrai, Damon ?

DAMON.

La nouvelle est certaine.

MOPSUS.

Qui l'a dit ? l'a t'on vû ? pourquoi si promptement ?

DAMON.

Des Bergers d'alentour empressez, hors d'haleine,
En ont semé le bruit dans les hameaux voisins :
Et même, si mes sens étonnez, incertains,
Ne m'ont point fait un raport infidéle,
Les Dieux nous en offroient cent présages divers.
L'Aurore ce matin s'est levé bien plus belle,
J'ai vû même, j'ai vû, s'ébattre dans les airs,
De Muses & d'amours une troupe immortelle,
Qui sembloient préluder à de tendres concerts.

MYRTIL.

Si ma pensée ailleurs n'eût été détournée,
Tout m'annonçoit aussi cette heureuse journée :
Lycisque, il m'en souvient, jappoit plus doucement ;
Et nos petits Agneaux béloient plus tendrement.

MOPSUS.

Tout en parloit : mais nous, pleins de notre allégresse,

N'en dirons nous donc rien, ... du moins à nos moutons ?

DAMON.

Pourquoi pas à Mentor ? qu'attendons nous ? Partons,
Volons à sa rencontre.

MOPSUS.

Ah voilà ma jeunesse,
Pleine de belle ardeur, & ne doutant de rien !
L'âge meurit la mienne, & la rend plus craintive.

DAMON.

Pour étaler sa joie, un cœur se suffit bien.

MOPSUS.

Non, non : il eût fallu, d'une oreille attentive,
Recueillir les Chansons de la Troupe immortelle,
Alors, Damon, alors
Nous pourions sans efforts,
Nous pourions hardiment déployer notre zèle :
Voilà ce qu'il falloit, saisir l'occasion,
Et de tous ces beaux airs prendre la tablature ;
L'avez vous fait sage Damon ?

DAMON.

Vous riez, mais enfin dans cette conjoncture,
N'ayant que notre zèle, & nos foibles pipeaux ;
Faut-il nous retrancher dans un morne silence ?

MOPSUS.

Non, chers amis, mais il est à propos
De joindre, s'il se peut, le zèle à la décence :
De s'essayer dans d'agréables Chants,
D'imaginer quelque fête galante,
De nos transports interpréte éclatante,
Que sais je ?... oh, si j'étois encore dans mon Printems :
Si j'avois cette voix, & ce feu de génie,
Ce talent des beaux vers, ce gout de l'harmonie,
Partage de mes jeunes ans,
Et qu'en vain rabaissoit le jaloux Philaminte !...
Mais tout éprouve, helas, les outrages du tems !
Mon feu n'est plus, ma voix est presque éteinte ;
L'âge a tout ravagé : c'est à vous, jeunes gens
Que je remets & Pipeaux & Musettes :
A vous les jolis Vers, à vous les Chansonnettes,

A vous de soutenir la gloire de nos Champs.

MYRTIL.

Vous n'en serez pas crû, vainement votre adresse
Fait de la modestie, un voîle à la paresse;
On vous connoit, Mopsus: oüi, tels qu'en nos vergers,
Les fruits qu'a meuris l'Automne,
L'emportent sur les fleurs que le Printems nous donne:
Tels l'emportent vos Vers, sur ceux de nos Bergers,
Dont le sang jeune encore & pétille & boüillonne.
Vous voulez de beaux Vers, des Vers dignes des Dieux.
Très-volontiers, faites-les donc vous même.
Nous saurons toutefois dans ce besoin extrême
Vous seconder de notre mieux.

DAMON.

Oüi sans doute, on pouroit, partageant la matiére,
Varier des Chansons la forme & le sujet.

MYRTIL.

Heureusement que leur objet
Nous ouvre à tous ample carriére.

DAMON.

Et voici quel seroit mon plan:
Célébrer dans Mentor la noblesse du sang,
Ses talens, & surtout la profonde sagesse,
Par laquelle il se montre au-dessus de son rang,
Et de l'éclat de sa noblesse.
Ce soin, Mopsus, vous seroit affecté...
(*A Myrtil.*) Pour vous, de ses vertus nous traçant une image...

MOPSUS.

Je n'entre point dans ce traité:
Non, chers amis, ce plan n'est pas d'usage:
Vous parlez de loüer: Mentor, en vérité,
Pardonneroit plutôt une injure, un outrage...
Helas! il m'en souvient, vous connoissez Euloge,
(Excusable transport d'un zèle trop ardent!)
Un jour ce Berger imprudent,
Osa près de Mentor se lâcher sur l'éloge:
Il osa sans frayeur affronter cet écueil:
Qu'arriva-t-il? Mentor lui fit un crime
De l'encens le plus légitime,

Il n'en reçut qu'un froid accueil.
J'en fus témoin, & l'on peut bien m'en croire :
J'en jure cependant l'austére Nemesis,
La loüange étoit juste, & tel en fut le prix !
N'en renouvellons point la malheureuse histoire.

DAMON.

D'un récit simple & vrai la naïve candeur,
Peut-elle avoir un air de flatterie ?
Peut-elle du mérite offenser la pudeur ?

MOPSUS.

Par raport à Mentor, Amis, c'est un malheur,
Que ne poura sauver toute votre industrie ;
Ne disant que le vrai, vous aurez l'air flatteur.

MYRTIL.

Eh, que parliez-vous donc d'aprêts & de décence,
De Chansons, de beaux Vers ? . . . voici que maintenant . . .

MOPSUS.

Point d'éloge ; il est vrai, c'est là mon sentiment :
Mais à l'aide des Vers, des Chansons, de la danse,
Exprimons-lui notre reconnoissance ;
Et pour la peindre mieux,
Inventons quelque Fête, imaginons des Jeux . . .
Mais ce soin vous regarde, Enfans, je le répete ;
Pour moi, je vais lui faire une liste secrette
Du peu de malhûreux que j'ai pû découvrir :
A sa noble pitié je prétends les offrir :
Son cœur s'empressera d'adoucir leur misére,
Et moi j'aurai trouvé le moyen de lui plaire. (*Il s'en va.*)

MYRTIL.

Lui-même il saura trop vous épargner ce soin.

DAMON.

Pourquoi, Mopsus, pourquoi nous quitter au besoin ?

SCENE IV.

MYRTIL, DAMON.

DAMON.

QUe faire donc, Myrtil ?

MYRTIL.

Il faut qu'on se rassemble,
Et sur ce qui convient se concerter ensemble...
Ne vois-je pas venir Timagene & Miris,
Tous deux Poetes, tous deux des Muses favoris?...

DAMON.

Oüi, Myrtil, & je crois qu'en un combat de gloire,
Ils se disputent la victoire.

MYRTIL.

Il est vrai qu'à leur air.... attendons...;

SCENE V.

MYRTIL, DAMON, TIMAGENE, MYRIS.

TIMAGENE.

Jugez-nous;
Bergers, de deux rivanx décidez la querelle...

DAMON.

Est-il bien temps de s'occuper de vous?
Amis, un autre soin, autre part nous apelle:
Bientôt Mentor...

TIMAGENE.

Nous savons la nouvelle.
C'est l'objet du combat, l'objet de notre zèle,
Le sujet de nos chants...

MYRTIL.

Ah puissiez-vous tous deux
Triompher à la fois!

DAMON.

Puisse, au gré de nos vœux,
Votre voix retracer notre vive allégresse!
Dans la publique ardeur puisez de nouveaux feux,
Puisez-y cette yvresse,
Que sait fournir le cœur, mieux que l'eau du Permesse.
Chantez, à vos Chansons nous mêlerons nos voix.

TIMAGENE.

Je vous suivrai, Miris,

MYRIS.

Commencez, Timagene;

L'âge doit décider.

T I M A G E N E.

J'ouvrirai donc la Scéne :
Les Zéphirs à propos se taisent dans nos Bois.

CHANT AMEBE'E.

T I M A G E N E.

Mentor revient après trois ans d'absence :
Bergers, Bergers rassemblons-nous ;
Allons joüir de sa présence,
Mentor revient : ah qu'il est doux
De revoir ce qu'on aime, après trois ans d'absence !

M Y R I S.

Divinitez de ce séjour champêtre,
Faunes, Sylvains, accourez tous,
Le sage Mentor va paroître :
Accourez . . . êtes vous jaloux
Qu'un mortel vous égale en ce séjour champêtre ?

T I M A G E N E.

Pour le chanter, Dieux du Tibre & du Tage,
Redites moi les doux transports,
Qu'excita ce Heros, ce Sage,
Quand on répétoit sur vos bords :
Vole aussi loin son nom, que le Tibre & le Tage !

M Y R I S.

Pour le chanter, fidéle renommée,
Dis mois de lui ce que tu sais :
Dis sa sagesse consommée,
Dis ses hauts faits présens, passez,
Qu'il cache, & qu'il voudroit que tût la renommée.

T I M A G E N E.

Tout nous l'annonce : un abord plein de charmes,
Un air grand, un noble souris.
Fuyez, chagrins, soucis, allarmes :
Mentor nous ramenant les ris,
Vous bannit d'un séjour désormais plein de charmes.

M Y R I S.

Tout nous l'annonce : on le voit sur ses traces
Semer & bienfaits & faveurs,
Qu'il sait orner de mille graces ;

Mais ce qu'en lui prisent nos cœurs,
C'est lui, plus que les dons qu'il verse sur ses traces.

TIMAGENE.

J'irai, j'irai des trésors de l'Abeille
Lui porter un léger présent :
Votre éloquence non pareille,
Lui dirais-je dans ce moment,
Surpasse en sa douceur les trésors de l'Abeille.

MYRIS.

Pour tout présent, pour toute recompense,
J'irai lui montrer mon troupeau :
Et lui dirai : votre prudence,
Et vos soins l'ont rendu si beau :
Un spectacle si doux sera sa recompense.

TIMAGENE.

D'un beau Laurier que mes soins ont fait croître,
Je veux ajouter deux rameaux ;
Ce simbole fera connoître
Et le Savant & le Héros.
Je lui dirai : c'est peu ; mais mes soins l'ont fait croître.

MYRIS.

De verds Lauriers lui faire une guirlande,
Ma main le pouroit au besoin :
Mais pourquoi cette vaine offrande ?
C'est aux Dieux d'en prendre le soin,
C'est à Phébus & Mars de former sa guirlande.

TIMAGENE.

Apollon m'aime, il me guide, il m'inspire,
Il dicte les Vers que j'écris :
La gloire est le but où j'aspire :
A moi, Muses, à moi le prix :
Apollon le décerne à celui qu'il inspire.

MYRIS.

J'aime Apollon, & la noble Couronne ;
Dont il pare ses favoris :
Mais qu'Apollon me le pardonne,
Si Mentor m'adresse un souris,
Muses, je vous remets & Laurier & Couronne.

DAMON.

Notre éloge, Bergers, vous confond tous les deux :
Dignes tous deux de la victoire,
Puissiez-vous obtenir la gloire,
Qui fait l'objet de tous vos vœux !...

MYRTIL.

Mais quel bruit, quel concert soudain se fait entendre ?...
Ne vois je pas Tircis qui s'empresse vers nous,
Ce Tyrcis, de Mentor ami fidéle & tendre,
Que nous veut-il ?

SCENE VI.

TIRCIS, MYRTIL, DAMON, TIMAGENE, MYRIS.

TIRCIS.

Bergers, qu'attendez vous ?
Près de Mentor il est tems de nous rendre ;
Ou lui-même bientôt saura nous prévenir.
Sa facile bonté vous est assez connuë :
Quelques chants, simple essor d'une joie ingénuë,
Tels que le cœur sait les fournir,
Suffiront à marquer l'instant de sa venuë.
Marchons, ... *Marche de Bergers en cadence.*
Arrêtons, ...
Le voici qui s'avance ;
Partons de cris de joie, & disons en cadence :

SCENE VII.

MENTOR ET LES MEMES.

Chœur de Bergers qui chantent à la fois.

VIve Mentor ! vive l'ami des Dieux,
L'appui, l'ornement de ces lieux !
Il nous chérit, il nous gouverne en Pere :
Puisse le Ciel, qui le prête à la terre,

Ne nous ravir jamais un bien si précieux !
Vive Mentor ! vive l'ami des Dieux,
L'appui, l'ornement de ces lieux !

MENTOR.

Bergers, que ces accens formés par l'allégresse,
M'inspirent à leur tour, de joie & de tendresse !
Que de si doux transports ont de charme pour moi !
Qu'avec plaisir je vous revois !
Puisse toujours des Dieux l'aimable providence
Fixer dans ce séjour la joie & l'innocence !
Que Pan sous sa houlette assemblant vos troupeaux,
En écarte tous les fleaux ;
Que sa faveur toujours vous environne !
Qu'aurore par ses pleurs, Apollon par ses feux,
Meurisse les dons prétieux,
Promis à vos désirs par Bacchus & Pomone !
Qu'à ce canton chéri, Phœbus & les neuf sœurs,
Daignent continuer leurs constantes faveurs !
Qu'il soit toujours le Pays du génie,
Des beaux vers & de l'harmonie,
Des beaux esprits & des bons cœurs !
Si des Dieux la bonté suprême
Daigne écouter ces tendres vœux,
Chers Bergers, vous serez heureux ;
Autant que vous, je le serai moi-même.

TIRCIS.

En étalant des sentimens si doux,
Ah ! vous forcés notre reconnoissance,
A garder un honteux silence !
Trop généreux Mentor, où nous réduisez-vous ?
Plus nous sommes contens de nos cœurs, & du vôtre,
Moins nous sommes contens de nos foibles efforts :
N'allez pas sur eux seuls mesurer nos transports,
Quelle reconnoissance ? ...

MENTOR.

Ah, je n'en veux point d'autre !
La vôtre éclate dans vos yeux ;
Ce langage muet persuade bien mieux :
Je veux vous en payer par d'heureuses nouvelles.

TIRCIS.

Dites donc que les Dieux, par de nouveaux bienfaits,
Couronnant vos vertus, couronnent nos souhaits ;
Ce seront les plus belles.

MENTOR.

Non, je veux vous parler de ce jeune Héros,
La douce espérance d'Itaque,
De cet aimable Télémaque,
Qui croît pour vous, à l'ombre du repos ;
Et qui bientôt, sur les pas de son pere,
Sera l'exemple, & l'amour de la terre. . . . .
Bergers, pourquoi tarder à m'en entretenir,
Vos désirs curieux devoient me prévenir. . . . .
Quoi, n'accusez-vous pas la lenteur des années,
Qui retardent encor ces jours, ces heureux jours
Qui, par l'ordre des destinées,
Doivent sous lui recommencer leur cours ;
Et, dont, sous ses ayeux, vous joüites toujours ?

TIRCIS.

Le fil de nos destins prospéres,
Graces à vous, Mentor, n'a pas été rompu :
Et, ce que nul autre n'eut pû,
Vous nous rendez les jours, dont joüissoient nos Peres.
Sans doute quelque Dieu, sous le nom de Mentor. . . .

MENTOR.

Ah, ce nom ne convient, qu'à vos anciens maitres !
Au grand Ulysse, à ses divins ancêtres,
Héros dignes de l'âge d'or.
Finissons, cher Berger, un paralelle injuste,
Et revenons à cet enfant Auguste,
Que les Dieux ont chargé de vos heureux destins.
Les plus beaux dons de la nature,
Embellis par les soins d'une heureuse culture,
De ce doux avenir sont les gages certains.
Dans le sein des vertus, élevé par les graces,
Il va vous rendre Ulisse, & tous ses grands ayeux.
Déja même attentif à marcher sur leurs traces,
Il s'essaye au grand art de faire des heureux.

UN BERGER.

Dieux, confirmés ce doux présage !

AUTRE BERGER.

Achevez, Dieux puissans, achevez votre ouvrage !

MENTOR.

Il ne laisse à vos vœux, que d'implorer pour lui,
D'une santé ferme & durable
Le doux présent, le nécessaire appui :
Allons, Bergers, allons, pour ce Héros aimable,
Allons aux pieds des Immortels,
Solliciter cette faveur insigne :
Du sang de mille agneaux, arrosons leurs autels :
Il ne coula jamais pour un sujet plus digne.

TIRCIS.

Qu'il vive ce jeune Héros !
Qu'il croisse tel qu'aux bords des tranquiles ruisseaux,
S'éléve un jeune plane, amour de la nature,
Et dont la naissante verdure
Promet un doux azile aux Bergers, aux troupeaux.
Oüi, qu'il vive, grands Dieux, ce jeune Telemaque ;
La douce espérance d'Itaque,
Qu'il croisse enfin, mais que Mentor
Nous gouverne longtems encor !

CHŒUR DE BERGERS.

Vive Mentor, autant que dans l'histoire
Vivront ses vertus & sa gloire !
Qu'il vive autant que nos souhaits,
Autant que ses bienfaits !
Qu'il vive autant que dans l'histoire
Vivront ses vertus & sa gloire !

EPILOGUE.

MYRTIL vient sur le Théatre avec un serin dans une Cage, & chante les vers suivans.

JOli Serin mignon,
Vîte une Chanson,
Fais briller ton petit ramage :
Ut, re, mi, fa, sol, la : courage !
Il ne me répond pas ! ah, c'est qu'il est en cage !

Vois-tu pas en ces lieux
Déesses & Dieux ?
Hâte-toi de leur rendre hommage :
Ut, re, *&c.*

Tu sais bien que Mentor
Nous rend l'âge d'or ;
Que tout le chante en ce bocage :
Ut, re, *&c.*

L'éclat de sa grandeur
Te feroit-il peur ?
La bonté fait son appanage !
Ut, re, *&c.*

Que si tu crains son gout
Délicat en tout,
Il veut bien n'en pas faire usage :
Ut, re, *&c.*

Après quoi il ajoute :

L'Emblême parle assez : ordonnez donc, Seigneur,
Que maints petits Serins, troupe jeune & volage,
Fatigués de leçons, ennuyés d'esclavage,
Qui brûlent de chanter, *Vivat*, en votre honneur ;
Pour donner plus d'essor à leur petit ramage,
Soient à l'instant mis hors de Cage.

FIN.

www.ingramcontent.com/pod-product-compliance
Lightning Source LLC
LaVergne TN
LVHW050511160826
845677LV00003B/1070

* 9 7 8 2 3 2 9 6 1 9 2 9 3 *